ANALISI DEL LIBRO

Antigone

· · · · · · · · · · · · ·

SOPHOCLES

ANALISI DEL LIBRO

Scritto da Valérie Nigdelian-Fabre
Tradotto da Sara Rossi

Antigone

SOPHOCLES

SOFOCLE   **5**

Drammaturgo greco   5

ANTIGONE   **6**

La nascita del mito di Edipo   6

SINTESI   **8**

Prologo   8
Parodos: l'ingresso del coro   8
Scena I   9
Scena II   9
Scena III   10
Scena IV   10
Scena V   10
Scena VI   11
Esodo: l'uscita dal coro   11

STUDIO DEL CARATTERE   **12**

Antigone   12
Creonte   12
Ismene   14
Haemon   14
Il coro   15

ANALISI   **16**

Mitologia   16
L'eroe: solo contro il mondo   16
Antigone: l'opera costruita sull'opposizione binaria
e sulla dualità   17
I regni dei vivi e dei morti   20
Ironia tragica   20

ULTERIORI RIFLESSIONI   **22**

Alcune domande su cui riflettere…   22

ULTERIORI LETTURE   **24**

Edizione di riferimento   24
Adattamenti   24

SOFOCLE

DRAMMATURGO GRECO

- **Nato ad Atene intorno al 496 a.C.**
- **Morto ad Atene intorno al 406 a.C.**
- **Opere degne di nota:**
  - *Antigone* (442 a.C. circa), tragedia
  - *Filottete* (409 a.C.), tragedia
  - *Edipo a Colono* (401 a.C. – pubblicato postumo), tragedia

Insieme a Eschilo ed Euripide, Sofocle è uno dei più noti tragediografi dell'antica Grecia. Nacque nel 496 a.C. circa e morì nel 406 a.C. circa. Durante la sua vita scrisse più di cento tragedie, di cui solo sette si sono conservate fino ai giorni nostri. Queste tragedie includono *Edipo Re* e *Antigone*. A differenza del suo predecessore Eschilo, le opere di Sofocle pongono meno enfasi sul coro (un gruppo di interpreti che commentano l'azione drammatica cantando o parlando all'unisono) e si concentrano maggiormente sui pensieri interiori e sulla psiche dell'eroe. Nella *Poetica* di Aristotele, Sofocle e la sua opera sono spesso citati come il modello definitivo della tragedia greca.

ANTIGONE

LA NASCITA DEL MITO DI EDIPO

- **Genere:** opera teatrale (tragedia)

- **Edizione di riferimento:** Sofocle [senza data] *Antigone*. [online]. Trans. Fitz, D. e Fitzgerald, R. [Consultato il 12 luglio 2016]. Disponibile da: < https://mthoyibi.files.word press.com/2011/05/antigone_2.pdf>

- **Prima edizione:** 442 a.C. circa

- **Temi:** mitologia, destino, rivoluzione, dualità, amore, potere, morte.

Rappresentata per la prima volta intorno al 442 a.C., *Antigone* è senza dubbio la più celebre delle tragedie greche. Nel corso dei secoli è rimasta attuale, spesso reinterpretata e reinventata. *Antigone* è l'ultima delle opere tebane di Sofocle, un ciclo di tre drammi che comprende *Edipo Re* ed *Edipo a Colono*. Nell'*Antigone*, la scrittura di Sofocle mostra l'aspettativa che il pubblico abbia una conoscenza preliminare della storia sviluppata nelle opere precedenti.

La commedia ruota attorno ad Antigone, figlia/sorella di Edipo, e al terribile destino che la attende. Dopo che i suoi fratelli Eteocle e Polineo si sono uccisi a vicenda in una lotta per il potere a Tebe, Creonte ha deciso che Polineo non sarà sepolto e giacerà morto sul campo di battaglia. Antigone lo sfida e santifica il corpo di Polineo con riti sacri. Attraverso vari sviluppi, alla fine viene condannata a morte per le sue azioni, mostrandosi così come l'incarnazione della dissidenza di fronte all'establishment.

SINTESI

PROLOGO

L'opera si apre il giorno dopo che Eteocle e Polineo, i due figli di Edipo, si sono uccisi a vicenda nella guerra civile di Tebe. Antigone comunica alla sorella Ismene che lo zio Creonte, d'ora in poi re di Tebe, ha ordinato che il corpo di Polineo non venga seppellito e non riceva alcun rito funebre. Antigone è decisa a sfidare gli ordini di Creonte, pronta a rischiare la vita per farlo.

PARODOS: L'INGRESSO DEL CORO

Il coro racconta la storia del combattimento mortale da cui Tebe è uscita vittoriosa. Da quando il loro padre era stato esiliato (Sofocle racconta questa storia in *Edipo a Colono*), Eteocle e Polineo avevano accettato di condividere la responsabilità del trono tebano governando a turno per un anno alla volta. Questa doveva essere una soluzione alla maledizione di Edipo, che prevedeva che si sarebbero uccisi a vicenda. Tuttavia, quando arrivò il momento, Eteocle si rifiutò di rinunciare alla corona e suo fratello Polineo rispose formando un esercito di sette uomini per muovere guerra alla città di Tebe (Eschilo racconta una versione dettagliata di questa storia nella sua opera *Sette contro Tebe*, 467 a.C.). Tutti gli uomini, tranne uno, morirono in combattimento, mentre i due "fratelli di sangue / Faccia a faccia in una rabbia impareggiabile / Specchiandosi l'uno nella morte dell'altro / Si scontrarono in un lungo combattimento" (righe 119-125).

SCENA I

Creonte, appena proclamato re di Tebe, delinea la sua visione e i principi del suo regno, sottolineando con forza il devoto patriottismo che si aspetta da tutti i sudditi. Considerando il defunto Polineo come l'opposto, qualcuno che ha mosso guerra alla sua stessa città, Creonte dichiara che nessuno dovrà toccare il corpo di Polineo e che non sarà sepolto. Suo fratello Eteocle, invece, viene glorificato nella sua morte come patriota ed eroe. Quando una sentinella viene ad annunciare che il corpo di Polineo è stato ritrovato coperto di polvere dopo aver ricevuto una sepoltura simbolica, Creonte ordina alla sentinella di trovare il colpevole o di rischiare di essere lui stesso condannato a morte.

SCENA II

Antigone viene arrestata quando viene trovata a coprire il corpo di Polineo dopo che le guardie lo hanno scoperto. Colta sulla scena del crimine, una furiosa Antigone ammette il suo gesto senza la minima esitazione. Si oppone a Creonte e difende con determinazione la giustizia divina, denunciando gli ordini di Creonte come arbitrari e immorali. Rifiuta l'aiuto della sorella Ismene, che cerca di scaricare la colpa su di sé. Così facendo, salva la vita di Ismene. Attraverso Ismene, il pubblico viene a sapere che Antigone è fidanzata con il figlio di Creonte, Emone.

SCENA III

Haemon appare in scena. Dichiara pubblicamente fedeltà al padre Creonte, ma cerca di convincerlo a non uccidere Antigone dicendogli che il popolo tebano è contrario. Creonte ignora le argomentazioni di Emone e comincia a manifestarsi una spaccatura tra i due. Le loro discussioni sfociano in un'aspra lite e Haemon critica ferocemente il padre per la sua ostinazione, la sua cecità nei confronti della verità che lo circonda e il suo essere tiranno. Ciò funge da stimolo per una riflessione sull'essenza stessa della democrazia.

Dopo che Emone se ne va infuriato, Creonte riduce in qualche modo la punizione che aveva inizialmente previsto per le due sorelle. Libera Ismene e ordina che Antigone venga sepolta viva in una tomba invece di essere lapidata.

SCENA IV

Rassegnata al suo destino, Antigone viene portata nella sua tomba vivente e si lamenta della vita di donna che non potrà mai condurre, essendo la sua vita brutalmente stroncata da una ragazzina appena uscita dall'infanzia.

SCENA V

Il profeta cieco Tiresia entra e avverte Creonte che il corpo di Polineo deve essere seppellito in fretta perché ha offeso gli dei e porterà sventura a tutta Tebe. Creonte inizialmente accusa Tiresia di mentire e di essere corrotto, ma alla fine acconsente alla sepoltura dopo molte discussioni. Sotto la minaccia di un contagio diffuso, egli ordina infine che

Antigone sia liberata e che il corpo di Polineo riceva i riti funebri e una degna sepoltura con le parole: "Le leggi degli dei sono potenti e un uomo deve servirle / Fino all'ultimo giorno della sua vita!" (righe 879-880).

SCENA VI

Un messaggero arriva per informare il coro ed Euridice – moglie di Creonte e madre di Emone – della tragica fine che hanno fatto i giovani amanti: Antigone si è impiccata, Emone ha tentato di aggredire il padre e si è ucciso sotto i suoi occhi. All'udire ciò, Euridice si ritira in silenzio.

Quando torna a palazzo, Creonte è costretto ad accettare il suo terribile errore, ma il suo destino diventa ancora peggiore: anche Euridice si suicida. Per Creonte è troppo tardi: è maledetto per sempre. Si lamenta del suo destino: "Ho ucciso mio figlio e mia moglie. / Cerco conforto; il mio conforto è qui, morto. / Qualunque cosa le mie mani abbiano toccato non è servita a nulla" (righe 1035-1038).

ESODO: L'USCITA DAL CORO

Il coro rivela la vera morale della storia: "Non c'è felicità dove non c'è saggezza; / non c'è saggezza se non nella sottomissione agli dei" (righe 139-140).

STUDIO DEL CARATTERE

ANTIGONE

Antigone è la sorella di Edipo e sua figlia. È vittima di una maledizione che colpisce una lunga stirpe di Labdacidi.

È una giovane donna ed è ancora vergine. È fragile e forte allo stesso tempo; è sola di fronte al pericolo e alla tirannia di Creonte. Per questo, è l'immagine sia della figlia doverosa (fa da guida tenera e amorevole a Edipo nel suo esilio a Colono) sia della rivoluzionaria, riassunta nelle parole: "Tale padre, tale figlia: entrambi testardi, sordi alla ragione!" (riga 375). È la paladina dell'amore contro la razionalità politica e dell'idealismo contro il realismo; è virtuosa, inamovibile e morale. Hegel la definisce la creatura più nobile che abbia mai camminato sulla terra. Tuttavia, quando Antigone si uccide e sceglie il mondo dei morti, si potrebbe sostenere che nella sua morte diventa una sorta di fanatica fondamentalista, contrapponendosi direttamente a Creonte, immagine del nazionalismo e del secolarismo.

CREONTE

Creonte è il fratello di Giocasta e quindi l'erede naturale al trono di Tebe dopo che i figli di Edipo si sono uccisi a vicenda. Inizialmente viene presentato come una figura di potere assoluto, che parla delle responsabilità e delle difficoltà del governo. I versi "L'uomo che sa obbedire, e solo quello, / Sa dare comandi" (righe 530-1), lo mostrano come l'incarnazione dell'ordine sociale, dell'obbedienza civile e della disciplina. Tuttavia, emerge subito come un tiranno spietato, orgoglioso e cocciuto. Chiude gli occhi su qualsiasi opposizione, anche quando questa proviene dal suo stesso figlio. L'unica cosa che lo costringe a cambiare strada è la minaccia di una punizione da parte degli dei, ma è già troppo poco e troppo tardi.

👁 BUONO A SAPERSI: I LABDACIDI

Dopo che Europa, figlia di Agenore, fu rapita da Zeus che assunse le sembianze di un potente toro, il fratello Cadmo si mise alla sua ricerca. Tuttavia, seguendo il consiglio di un oracolo, Cadmo rinunciò alla ricerca di Europa e fondò la città di Tebe. Sposò Armonia, figlia di Ares e Afrodite. Ebbero tre figli: Agave, dalla cui discendenza sarebbero nati Creonte e Giocasta, Semele, madre di Dioniso, e Polidro, padre di Labdaco. I discendenti di Labdaco sono noti come Labdacidi; Edipo faceva parte di questa linea ancestrale. Alla morte di Labdaco, il figlio Laio fu affidato al reggente Pelope. Laio si innamorò del figlio di Pelope e lo rapì: questo fece infuriare Era che maledisse lui e tutti i suoi discendenti. In seguito, l'oracolo di Delfi lo avvertì che non doveva avere figli se voleva salvare la città di Tebe e salvarsi dalla morte. Tuttavia, Laio non seguì questo consiglio ed ebbe un figlio da Giocasta. Il bambino – Edipo – fu abbandonato sul monte Citerone, ma fu accolto da un pastore e adottato dal re e dalla regina di Corinto. Da uomo, Edipo sentì una terribile predizione dell'oracolo di Delfi: avrebbe ucciso il padre e sposato la madre. Per sfuggire alla maledizione, fugge da Corinto e si dirige verso Tebe, avviandosi inconsapevolmente verso il proprio terribile destino. Sulla strada incontra Laio e lo uccide in un violento litigio.

Giunto a Tebe, Edipo risponde correttamente all'indovinello della Sfinge e ottiene così il trono e la mano della regina Giocasta: la profezia si è avverata. Tebe fu quindi maledetta da incesti e omicidi e fu afflitta da una misteriosa epidemia. Nella speranza di porre fine all'epidemia, Tebe cercò la persona che aveva ucciso Laio e a poco a poco apprese la terribile verità. Giocasta si impiccò, incapace di sopportare quanto era accaduto. Trovando la madre/moglie morta, Edipo si accecò con la spilla di lei e se ne andò da Tebe, lasciando che i suoi figli fossero vittime della maledizione.

ISMENE

Ismene è la sorella di Antigone. È più calma e contemplativa della sorella, pronta a obbedire agli ordini e consapevole delle conseguenze delle sue potenziali azioni. Sebbene inizialmente sia pragmatica, ben presto rischia la propria vita nella speranza di salvare la sorella.

Nelle precedenti versioni di questa storia tratta dalla mitologia, Ismene non compare come personaggio. Tuttavia, poiché Sofocle affronta il conflitto che nasce dal corpo di Polineo e dall'ordine di Creonte di non seppellirlo, l'invenzione di Ismene permette al drammaturgo di sollevare questioni morali sulla strada corretta da seguire in una situazione del genere, oltre a creare un potente contrasto con il crudele radicalismo di Antigone.

HAEMON

Emone è sempre stato un figlio doveroso e rispettoso nei confronti dei genitori Creonte ed Euridice, finché non cambia tutto sfidando il padre e difendendo Antigone, con cui è fidanzato. Prima di uccidersi, sputa in faccia al padre. Emone rappresenta la gioventù, il popolo e la democrazia. Questo è in diretto contrasto con Creonte, l'incarnazione dell'età e della tirannia. Ismene ed Emone insieme possono essere intesi come i riflessi moderati di Antigone e Creonte, incarnazioni del radicalismo e veri eroi dell'azione.

IL CORO

Il coro è composto da cittadini ateniesi travestiti e mascherati. Il loro ruolo è quello di commentare la trama attraverso canti e discorsi, e le loro interiezioni punteggiano le varie scene della commedia. Le parole del coro lo pongono a una certa distanza dall'azione e in un certo senso assumono una vita propria. In questo modo, il coro diventa al tempo stesso spettatore perfetto e si connette con l'universale, come manifestazione collettiva della condizione umana. Questa universalità risuona in particolare nel canto sull'amore che segue il dialogo tra Emone e Creonte e nell'ode sul trionfo dell'uomo sulla natura.

ANALISI

MITOLOGIA

Come la maggior parte delle tragedie greche giunte fino a noi, l'*Antigone* di Sofocle si ispira ai miti fondanti della civiltà greca, tramandati da tempo immemorabile attraverso la tradizione orale. L'episodio della mitologia greca più significativo dal punto di vista drammaturgico è la guerra di Troia; quasi la metà delle tragedie sopravvissute alla prova del tempo esplorano questa parte della storia. La trilogia di Sofocle, invece, racconta la storia dei Labdacidi – la stirpe che inizia con Cadmo, fondatore di Tebe – e del loro destino maledetto. *Antigone* è la terza opera cronologicamente, dopo *Edipo re*, in cui Edipo scopre la terribile verità, ed *Edipo a Colono*, in cui Edipo viene esiliato e muore. Nonostante ciò, *Antigone* è stata scritta prima delle altre opere e si concentra su un aspetto del mito che era stato poco esplorato prima che Sofocle ne facesse oggetto della sua opera, ovvero il corpo di Polineo condannato a giacere senza sepoltura e senza santificazione.

L'EROE: SOLO CONTRO IL MONDO

Tra i sette drammi superstiti di Sofocle, sei hanno eroi o eroine eponimi, cioè l'opera prende il nome da uno dei suoi personaggi (*Aiace, Elettra, Filottete,* ecc.). Questa dedica mostra l'enfasi di Sofocle sulla figura dell'individuo che si erge di fronte alle avversità, impassibile e determinato. Gli eroi di Sofocle tendono a essere solitari e risoluti; spesso si tratta di giovani donne che sfidano i compromessi insiti nel raggiungimento della maggiore età. Questi eroi radicali si collocano in un contesto di innovazione teatrale che Aristotele attribuisce a Sofocle: Sofocle ha aggiunto un terzo attore alle sue trame dove tradizionalmente ce n'erano solo due. Questo aggiunge una nuova dimensione di complessità alla trama e permette una vera e propria esplorazione delle sfumature psicologiche dei personaggi. Isolato e ostinato, l'eroe sofocleo è destinato alla tragedia, sia per le proprie azioni sia per il tentativo di sfuggire alla volontà degli dei. Aiace si uccide nonostante gli sforzi disperati della sua famiglia, Elettra porta all'estremo il suo desiderio di vendetta e Antigone sceglie la morte piuttosto che l'obbedienza. Questo radicalismo distruttivo è una combinazione di libero arbitrio e destino. Ispira e dà forma ai potenti meccanismi della tragedia e conferisce alle opere sofoclee un vero e proprio senso del sublime; al di sopra dei personaggi della commedia ci sono grandi poteri che hanno un'autorità assoluta e possono richiedere il sacrificio estremo.

ANTIGONE: L'OPERA COSTRUITA SULL'OPPOSIZIONE BINARIA E SULLA DUALITÀ

Antigone è costruita attorno a una serie di opposizioni contraddittorie e irriducibili che scorrono magnificamente nelle quattro scene di agone – le scene successive in cui due personaggi si oppongono l'uno all'altro e che esplorano valori e idee contrastanti. Sofocle inventò la stichomitia, un espediente teatrale in cui due personaggi si alternano in versi. Ciò consente al drammaturgo di costruire una tensione drammatica e di rappresentare in modo drammatico opposizioni feroci che sembrano sempre più inconciliabili. Ad esempio, quando Creonte dichiara: "Un nemico è un nemico, anche da morto" (riga 417), Antigone si sente in dovere di dire: "Un nemico è un nemico, anche da morto" (riga 417), Antigone risponde con "È nella natura unirsi nell'amore, non nell'odio" (418). Questo scambio sfocia nella drammatica replica di Creonte: "Unisciti a loro, allora; se devi avere il tuo amore, / trovalo all'inferno!" (419-20). La discussione conduce inevitabilmente a un dialogo impossibile che si concluderà con la morte.

- La discussione tra Ismene e Antigone sulla sepoltura del fratello morto è la prima scena di agone. Sebbene la loro discussione inizi in modo tenero e affettuoso, ben presto si trasforma in una violenta opposizione tra Antigone, intenzionata a celebrare i riti sacri sul corpo del fratello nonostante gli ordini di Creonte, e Ismene nel suo pragmatico fatalismo.

- Il confronto successivo, che avviene tra Antigone e Creonte, può essere letto sotto diversi punti di vista, il che gli conferisce un'importanza ancora maggiore rispetto alla magistrale drammaturgia e poesia di Sofocle. La scena presenta lo scontro tra l'amore sacro tra fratelli e l'oggettività razionale dello Stato – in altre parole, la legge degli dei contro la giustizia sociale e la ragione terrena. Tuttavia, può essere vista anche come un'esplorazione dell'opposizione tra giovinezza ed età, a sua volta legata rispettivamente all'idealismo politico e al realismo politico. Inoltre, la scena presenta altre dimensioni tematiche, come l'individuo contro la società, la natura contro la cultura e persino i vivi contro i morti. Infine, la scena esplora con forza i contorni dell'opposizione tra uomini e donne, con Antigone che rappresenta la libertà e la rabbia contro il dominio patriarcale. Dopo tutto, è una giovane ragazza che si trova di fronte al potere patriarcale assoluto, affermando la sua indipendenza, il suo libero arbitrio e il suo diritto di giudicare gli eventi in base alla propria bussola morale.

• Segue l'accesa discussione tra Emone e Creonte. All'inizio, questa è caratterizzata da obbedienza e solidarietà, ma presto si trasforma in ribellione. Ciò illustra non solo un figlio contro il padre, ma più universalmente lo schiavo contro il tiranno. Haemon abbandona rapidamente il ruolo di figlio doveroso e rifiuta il governo arbitrario del padre ("Non è una città se prende ordini da una sola voce", riga 597). Arriva a insultare e minacciare ferocemente il padre: "Se non fossi mio padre, / direi che sei perverso" (righe 615-616).

• Il dialogo finale di opposizione tra Creonte e Tiresia mette in luce la contrapposizione tra uomini e dei, tra ordine naturale e ordine divino. Creonte è accecato dall'odio e non è in grado di riconoscere la propria colpa, ora che Tebe è "macchiata dalla corruzione dei cani e degli uccelli carogna / che si sono nutriti del cadavere del figlio di Edipo" (righe 798-799). Insulta Tiresia e, così facendo, lancia un'altra maledizione su di sé e sulla sua famiglia.

In questo modo, l'opera illustra come solo il disastro possa emergere da un sistema costruito da differenze inconciliabili, senza possibilità di compromesso per quanto riguarda i principi e l'uso della forza.

I REGNI DEI VIVI E DEI MORTI

La controversia principale della trama è quella del diritto a una santa sepoltura e a un rituale sacro. Nel contesto dell'opera, questi riti sono di vitale importanza per i morti, i cui spiriti saranno altrimenti condannati a vagare per sempre, senza pace. Tuttavia, sono molto importanti anche per i vivi, poiché un cadavere non santificato porta con sé le maledizioni degli dei. La minaccia di un intervento divino malefico incombe su tutta la commedia; mentre il corpo di Polineo viene lasciato a marcire all'aperto, preda di cani e uccelli selvatici, Antigone viene sepolta viva in una tomba. Questo rappresenta una confusione tra il mondo dei vivi e il regno dei morti che, a sua volta, rende Tebe una città che viola la legge divina, incarnando così una vera e propria minaccia per l'intero ordine cosmico. Per riportare la situazione alla normalità, Creonte deve dimettersi.

IRONIA TRAGICA

Sofocle è il maestro dell'ironia tragica. L'ironia tragica in teatro emerge dal contrasto tra il pubblico che sa che le azioni di un personaggio porteranno alla tragedia, mentre il personaggio stesso ne è inconsapevole. Questa frattura tra la conoscenza del pubblico e quella del protagonista introduce una sottile dialettica tra la questione dell'arbitrio dell'eroe e la predestinazione divina; mentre l'eroe si crede libero, il personaggio viene generalmente mostrato come una pedina nei giochi degli dei. *Edipo Re* mostra un uso particolarmente magistrale dell'ironia tragica quando Edipo cerca di sfuggire al suo destino fuggendo da Corinto e dai suoi genitori adottivi (crede che siano invece i suoi genitori biologici), mentre in realtà sta andando dritto verso la propria fine e il compimento della profezia. Questa ironia rende ancora più tragica la graduale comprensione della situazione da parte di Edipo, fino al momento dell'orrenda comprensione quando si acceca. Anche il destino di Antigone sembra essere scritto nelle stelle: lei è una discendente di Labdaco e quindi seguita dalla maledizione dei Labdacidi, mettendo così in discussione la propria libertà e la responsabilità delle proprie azioni, in quanto figlia maledetta di Edipo.

ULTERIORI RIFLESSIONI

ALCUNE DOMANDE SU CUI RIFLETTERE...

- Jacques Lacan (psicoanalista francese, 1901-1981) definisce Antigone la vittima ideale nella sua scelta di essere condannata. Ha notato che Sofocle si distingue dagli altri scrittori per la creazione di eroi che finiscono sempre all'ultimo posto. Discutete questa idea.

- Il sacrificio di Antigone è rappresentativo del prezzo che si deve pagare per ribellarsi all'ordine?

- In che modo l'enfasi di Sofocle sull'individualismo è in conflitto con i legami sociali tra i suoi personaggi? Come si collega all'idea di cittadinanza e come la definireste?

- Antigone rompe con i ruoli femminili tradizionali e si afferma contro l'autorità patriarcale. Discutete l'affermazione di Ismene. "Siamo solo donne, / non possiamo combattere con gli uomini, Antigone!" (riga 47-48).

- Antigone è una figura per molti versi definita dal suo ruolo in relazione a uomini potenti: figlia di Edipo e fidanzata di Emone. Alla luce di questi vincoli, come costruisce ed esprime la sua indipendenza?

- Antigone rappresenta una figura di libertà, anarchia, rivoluzione e resistenza. Discutete su come la scrittura di Sofocle e la struttura dell'opera le permettano di incarnare questi concetti.

- Come può la mitologia antica essere rilevante nell'era moderna?

- Se la tragedia greca ebbe il suo apice culturale ad Atene, quali innovazioni tecniche apportò Sofocle al genere?

- Antigone sostiene che il suo "crimine è santo" (riga 56). Discutete i concetti di crimine e divinità nell'opera.

- Creonte sostiene che una città deve essere governata da un capo assoluto, ma l'opera può essere vista come un'altra versione della democrazia greca: discutete questo contrasto e i concetti di governo presenti in *Antigone*.

ULTERIORI LETTURE

EDIZIONE DI RIFERIMENTO

Sofocle [senza data] *Antigone*. [online]. Trans. Fitz, D. e Fitzgerald, R. [Consultato il 12 luglio 2016]. Disponibile da: < https://mthoyibi.files.wordpress.com/2011/05/antigone_2.pdf>

ADATTAMENTI

Antigone è stata oggetto di diverse reinterpretazioni e adattamenti teatrali, a testimonianza della sua universalità e della sua attualità ancora oggi. Alcuni esempi degni di nota sono:

Garnier, R. (1580) *Antigone ou la Piété.*

Rotrou, J. (1637) *Antigone.*

Alfieri, V. (1776) Antigone. Un'opera teatrale incentrata sulla dimensione politica dell'*Antigone* di Sofocle.

Cocteau, J. (1922) *Antigone*. Primo adattamento moderno dell'opera.

Anouilh, J. (1944) *Antigone.*

Brecht, B. (1948) *Antigone.*

Bauchau, H. (1997) *Antigone.*

Vogliamo sapere da voi!
Lasciate un commento sulla vostra biblioteca online
e condividete i vostri libri preferiti sui social media!

Perché scegliere Must Read?

Scoprite tutto quello che c'è da sapere su un libro, con i nostri riassunti e le nostre analisi concise e approfondite!

Scoprite il meglio della letteratura sotto una luce completamente nuova!

www.50minutes.com

www.50minutes.com

Master ISBN: 9782808689892
ISBN cartaceo: 9782808611299
Deposito legale: D/2023/12603/1409

Copertura: © Primento

Concezione digitale a cura di Primento, il partner digitale degli editori.